Jus'tement essentiel !

Avis aux lecteurs,

Je suis Cécile MULLER, naturopathe diplômée depuis 2017 et passionnée de toujours par les formidables forces de transformation et de résilience de la nature dont l'humain fait partie.

Au travers des différentes méthodes naturelles expérimentées, apprises et acquises, l'équilibrage alimentaire et émotionnel acido-basique est vraiment devenu mon « chouchou ». Dans les nombreux outils d'équilibrage, les jus, se sont rapidement fait la part belle...

Effectivement, les vitamines et minéraux contenus dans les jus sont assimilés par le corps, par conséquent nourrit et soutenu, en seulement 20 minutes *sans aucun travail de l'intestin*. Ce dernier, allégé, devient alors plus performant sur la régénération cellulaire, le nettoyage et les défenses immunitaires.

Attention, cependant, aux intestins fragiles (syndrome côlon irritable, maladie de Crohn), le « trop » en quantité ou en fréquence. L'équilibre, encore !
Ecoutez-vous... Votre corps vous dit... C'est votre boussole !

Les propositions faîtes dans ce livre, toujours composées de *1 légume/1 fruit/1 racine ou herbe* fraîche (pour que la teneur en sucre reste maîtrisée) et toujours de saison (pour calquer nos besoins sur les trésors que la nature nous offre), sont une base à personnaliser, à diversifier au gré de vos humeurs et vos envies en fonctions de vos goûts, vos préférences et votre intuition.

Important : Tous les jus proposés sont réalisés à l'extracteur. Cependant, à défaut, toutes ces recettes sont déclinables en salades froides (en dés, en rondelles ou râpé) et proposent les mêmes bienfaits et propriétés avec, bien sûr, un léger travail de l'intestin dû à la présence des fibres végétales.

Attention : Toutes les informations présentes dans cet ouvrage ne se substituent en aucune façon à un avis médical et/ou à un traitement en cours.

Sommaire

Recette anti-oxydante	p. janvier
Recette hépatique	p. février
Recette dépurative	p. mars
Recette vitaminée	p. avril
Recette diurétique	p. mai
Recette minéralisante	p. juin
Recette rafraîchissante	p. juillet
Recette désaltérante	p. août
Recette structurante	p. septembre
Recette digestive	p. octobre
Recette immunitaire	p. novembre
Recette anti-inflammatoire	p. décembre

L'anti-oxydante

Qu'est ce que l'oxydation ?
Tout organisme vivant, l'être humain inclus, a besoin de ressources (matérielles et énergétiques) et cré des déchets à éliminer régulièrement. Ces déchets produits par les cellules au contact de l'oxygène provoquent un stress oxydatif. Cette oxydation peut être endogène (provient du fonctionnement de l'organisme lui-même) ou exogène (généré par l'extérieur comme l'alimentation, le stress, tabac…).
Une majorité de végétaux ralentissent ce mécanisme irrémédiable.

Pour 1 verre :
- 1/2 patate douce pelée
- 1 pomme lavée avec la peau et les pépins si BIO
- curcuma (selon goût)
- gingembre (selon goût)

La patate douce est une puissante alliée de vos défenses immunitaires. Sa richesse en bêta-carotène est impressionnante par son action anti-oxydante. La pomme, dont les pouvoirs sont de réduire le cholestérol et les risques de diabète, est également diurétique. Additionné au curcuma, anti-inflammatoire, ce jus renforce en profondeur tout le système immunitaire et tonifie le système digestif et intestinal par la présence du gingembre.
Une vrai détox d'après fêtes pour affronter les rigueurs du plein hiver…

 Astuce résidus : parsemer de graines de courge ou de sésame en fine couche puis passer au four à 180° pour en faire des crackers apéro !

Janvier

L'hépatique

Qu'est ce que la fonction hépatique ?
Le mot hépatique fait référence au foie. Cet organe est le chef d'orchestre fondamental du métabolisme. Dans ses grandes attributions, on retrouve la digestion (par la production de bile), la transformation des nutriments en énergie et la distribution aux besoins du corps.
Le nettoyer, le drainer et le désengorger assure tout son potentiel.
Plusieurs légumes, racines notamment, sont de réels soutiens des fonctions hépatiques.

Pour 1 verre :
- 1 petite betterave pelée
- 1 orange épluchée
- cumin (selon goût)

La betterave est une amie incontestable de la vitalité de votre foie. Son action d'élimination des toxines est un véritable drainage hépatique.
Combiné à l'orange, ce jus est riche en vitamines, calcium et magnésium et soutient l'élimination grâce au cumin, diurétique et carminatif (évite flatulences et ballonnements).
Un vrai nettoyage en profondeur…

 Astuce résidus : particulièrement sucrés, ces résidus se mélangent parfaitement dans un appareil à gâteau avec environ 100g de farine, 50g de sucre, 3 œufs et 1cc de levure.
Cuisson : 20 min à 180°

Février

La dépurative

Quand et comment nettoyer le foie ?

Si l'hiver est propice au stockage, le printemps, lui est recommandé pour éliminer, nettoyer et désencombrer. C'est pourquoi, le changement de saison est idéal pour un nettoyage du foie efficace. Il est important de limiter les produits trop riches (en gras, en sucre), d'utiliser régulièrement l'aide de l'artichaut, du romarin et du Chardon Marie (en tisane) ou du radis noir et de la betterave (en jus ou râpé). Appliquer des bouillottes sur le foie ainsi qu'éviter les aliments glacés qui fatiguent le foie, seront d'un grand réconfort.

Pour 1 verre :
- 1 radis noir pelé
- 2 pommes lavées avec la peau et les pépins si BIO
- coriandre (selon goût)

Le radis noir soutient votre foie et surtout, stimule les sécrétions biliaires ainsi que la digestion. La pomme, satiétante et protectrice intestinale, aide à réguler le cholestérol.
Cumulé à l'action de la coriandre, dépuratif de métaux lourds et favorable à une digestion efficace, ce jus est une vraie cure d'élimination pour l'organisme à la sortie de l'hiver.

 Astuce résidus : Ces résidus peuvent être ajoutés, au choix, dans une purée de légumes type pomme de terre, carotte, cumin ou également ajoutés dans une compote de pommes chaude.

Mars

La vitaminée

Quelles vitamines pour quels besoins ?
Il existe 6 principales vitamines : A, B, C, D, E, et K.
La vitamine A participe au bon fonctionnement de la peau, des muqueuses, de la vision et de l'assimilation du fer.
La grande famille de la vitamine B contribue à la production d'énergie, à la régénération cellulaire et au système nerveux.
Les vitamines C et D luttent contre la fatigue, le stress oxydatif et les agents pathogènes. Elles aident l'assimilation du fer et du calcium.
La vitamine E protège des dommages causés aux cellules.
La vitamine K maintient la croissance, le renouvellement cellulaire et la fluidité sanguine.

Pour 1 verre :
- 1 carotte pelée ou avec la peau si BIO
- 1 orange épluchée
- gingembre (selon goût)

L'orange protège tout l'organisme, notamment le système cardio-vasculaire et cérébral, par sa teneur en vitamine C.
La carotte, quant à elle, est anti-oxydante et digestive, avec d'efficaces propriétés oculaires grâce à la vitamine A.
Cumulé à l'action du gingembre, stimulant et tonifiant, ce jus est un véritable booster printanier.

 Astuce résidus : particulièrement sucrés, ces résidus se mélangent parfaitement dans un appareil à gâteau avec environ 100g de farine, 50g de sucre, 3 œufs et 1cc de levure.
Cuisson : 20 min à 180°

Avril

La diurétique

Qu'est ce que la fonction rénale ?
Les reins sont, non seulement, les filtres des déchets de l'organisme mais ils régulent également l'eau contenu dans le corps ainsi que la pression artérielle. Ils maintiennent par ce biais, l'équilibre acido-basique de l'organisme et la quantité de minéraux nécessaire à son bon fonctionnement.
Les légumes riches en eau et en potassium seront particulièrement recommandés pour accompagner ce travail (asperges, artichauts, brocolis).
Le principe d'équilibre acido-basique est directement lié aux habitudes de vie (alimentation, gestion émotionnelle, activité physique) et à l'apport hydrique. Elle doit le plus constamment possible viser la neutralité pour assurer le bon fonctionnement du corps.

Pour 1 verre
- 3 asperges vertes ou blanches légèrement pelées
- 2 kiwis épluchés
- menthe (selon goût)

L'asperge aide le système intestinal tout en apportant un effet diurétique (bénéfique à l'élimination rénale).
Le kiwi est, lui, anti-oxydant et vitaminé avec de solides propriétés contre la rétention d'eau.
Cumulé à l'action de la menthe, stimulante, digestive et rafraîchissante, ce jus est un puissant partenaire drainant.
Un véritable nettoyage de printemps !

 Astuce résidus : parsemer de cumin en fine couche puis passés au four à 180° pour en faire des crackers apéro !

Mai

La minéralisante

Quels minéraux pour quels besoins ?
Le rôle des minéraux est essentiellement d'équilibrer l'acido-basique mais également la pression osmotique (hydrique). Ils sont stockés dans les os qui les distribuent parcimonieusement.
Le calcium et le phosphore participent à la solidité des os et la formation des dents.
Le potassium et le magnésium agissent sur les réponses musculaires.
Le fer, quant à lui, joue un rôle primordial dans le transport d'oxygène dans le sang.
Réunir un maximum de ces minéraux permet de « refaire les niveaux » et éviter les carences.

Pour 1 verre
- 1 courgette pelée ou avec la peau si BIO
- 5 fraises lavées
- basilic (selon goût)

La courgette aide le système intestinal et apporte des minéraux (phosphore, magnésium, potassium) et des vitamines indispensables pour le corps. La fraise est, elle aussi, très vitaminée et antioxydante, avec d'efficaces propriétés immunitaires.
Cumulé à l'action du basilic, antispasmodique (diminue les contractions gastriques et digestives), ce jus est un concentré d'oligo-éléments.

 Astuce résidus : ces résidus mous et pâteux s'intégreront parfaitement dans un fond de tarte aux fruits.

Juin

La rafraîchissante

Qu'implique le système cardio-vasculaire ?
Le système cardio-vasculaire est composé du cœur ainsi que des artères et veines distribuant l'oxygène et les nutriments à l'ensemble du corps. Il transporte également, les déchets pour les évacuer vers les différents émonctoires, les « portes de sortie du corps » (poumons, reins, intestins, peau).
Ce système est particulièrement sensible aux variations hydriques pour une fluidité optimale.
Privilégier les végétaux chargés en eau, c'est préserver cette fluidité.

Pour 1 verre
- 1 concombre pelée ou avec la peau si BIO
- 2 pêches pelées
- menthe (selon goût)

Le concombre aide la régulation de la tension artérielle, riche en minéraux (notamment du potassium), il apporte une hydratation essentielle au corps. La pêche est, elle aussi, très vitaminée (vitamines A, E et fer) avec de solides propriétés antioxydantes.
Cumulé à l'action de la menthe digestive, ce jus est un combiné d'oligo-éléments rafraîchissant, idéal pour affronter les chaleurs de l'été.

 Astuce résidus : Ces résidus auront tout à fait leur place ajoutés à une salade de fruits frais

Juillet

La désaltérante

Qu'implique le système circulatoire ?
Le système circulatoire est l'ensemble des organes (cœur, poumons, vaisseaux sanguins) qui participent aux déplacements des fluides du corps. L'eau est le principal constituant du corps humain. Il représente environ 65 % de sa masse totale.
Miser sur des végétaux hydriques ainsi que ceux anti-oxydants, c'est accompagner au mieux l'organisme.

Pour 1 verre
- 1/4 pastèque sans la peau
- 1 poivron rouge lavé
- menthe (selon goût)

La pastèque aide la régulation de la tension artérielle par une hydratation essentielle du corps riche en minéraux (notamment du potassium). Le poivron rouge est le champion de la vitamine C et de la micro-nutrition (manganèse, cuivre, folates, calcium, vitamine K et potassium) avec de remarquables propriétés anti-oxydantes.
Cumulé à l'action de la menthe digestive, ce jus est un extrait d'oligo-éléments rafraîchissant, idéal contre le vieillissement cellulaire.

 Astuce résidus : Ces résidus seront tout à fait à leur place dans une salade de fruits frais.

Août

La structurante

<u>Qu'est ce que le système musculo-squelettique ?</u>
Le système musculo-squelettique regroupe l'ensemble des organes intervenants dans la fonction de soutien et de mouvement. Il se compose de plus de 460 muscles et plus de 200 os qui réclament quotidiennement des glucides, des protéines, du calcium, du magnésium, principalement.
Sélectionner les éléments naturellement riches en minéraux, c'est diminuer les risques de perte osseuse.

<u>Pour 1 verre</u>
- 1/2 céleri rave épluché
- 1 grappe de raisin lavée et égrainée
- gingembre (selon goût)

Le céleri rave aide à la consolidation osseuse. Il soutient également l'élimination des calculs rénaux et biliaires.
Le raisin, lui, est le maître des minéraux (fer, potassium, manganèse).
Cumulé à l'action du gingembre, tonifiant global du corps, ce jus est un authentique « coup de fouet », idéal contre la fatigue automnale.

 Petit plus : ajouter une pomme et les feuilles vertes du céleri rave pour un effet plus digestif et alcalinisant !

Septembre

La digestive

Qu'implique le système digestif ?
Le système digestif est composé des organes d'ingestion, de digestion, d'absorption et d'excrétion que sont l'œsophage, l'estomac, le foie, le pancréas, l'intestin grêle, le colon et le rectum.
Toute l'organisation du « tube digestif » permet la dégradation des aliments, l'assimilation des protéines, glucides, vitamines, oligo-éléments et minéraux. Il se charge également de leur passage dans la circulation sanguine.
Prendre soin de tout ce processus par des apports de qualité, c'est opter pour un abdomen serein et confortable.

Pour 1 verre
- 1/3 fenouil lavé
- 1 pomme lavée avec la peau et les pépins si BIO
- gingembre (selon goût)

Votre organisme sera purifié grâce au fenouil. Carminatif, il facilite la digestion et apaise les maux gastriques et intestinaux (ballonnements, flatulences). Allié à la pomme, protectrice cellulaire et énergétique, ce jus apéritif (favorise l'appétit) stimule le système digestif et intestinal en le tonifiant, grâce au gingembre.

 Astuce résidus : parsemer de mélange d'herbes provençales en fine couche puis passer au four à 180° pour en faire des crackers apéro !

Octobre

L'immunitaire

Qu'implique le système immunitaire ?
Le système immunitaire est l'ensemble des organes impliqués dans la protection du corps contre les infections et les maladies.
Il se compose de la moelle épinière (fabrique les globules blancs), la rate (stocke les globules blancs), le thymus (fabrique les lymphocytes) et les ganglions lymphatiques (stockent les lymphocytes).
Opter pour les légumes riches en vitamines A, anti-oxydantes, c'est renforcer son immunité.

Pour 1 verre
- 1 tranche de citrouille sans la peau
- 2 poires lavées avec la peau et les pépins si BIO
- curcuma (selon goût)

La citrouille est une complice de vos défenses immunitaires. Sa teneur en bêta-carotène est conséquente et offre son action cardio-protectrice, autant que la poire, de surcroît hypocalorique. Ajouté à l'action du curcuma, dépuratif sanguin et anti-inflammatoire, qui renforce en profondeur tout le système immunitaire également, ce jus est une arme redoutable contre les attaques de l'automne.

 Astuce résidus : ces résidus se marieront parfaitement dans une soupe de courges et de châtaignes notamment.

Novembre

L'anti-inflammatoire

Qu'est ce qui enflamme l'organisme ?

L'inflammation se manifeste, couramment, par la douleur, la fatigue mais également par un gonflement, une rougeur ou un défaut de mobilité.

Elle peut être de caractère aiguë (se produisant pour la 1ère fois) ou bien chronique (répétitive et cyclique).

Son origine peut être extérieure (virus, microbes, bactéries) ou intérieure (habitudes alimentaires, gestion émotionnelle, mouvements répétitifs).

Adopter des alliés anti-inflammatoires, c'est préserver tout son capital vitalité essentiel.

Pour 1 verre
- 2 poignées d'épinards lavées
- 3 clémentines épluchées
- curcuma (selon goût)

L'épinard est un allié de vos défenses. Sa teneur en bêta-carotène ainsi qu'en vitamine K, en fait un atout de fluidification sanguine. La clémentine, anti-oxydante, est une pourvoyeuse de vitamines B et de cuivre. L'action du curcuma, dépuratif sanguin et anti-inflammatoire, renforce en profondeur tout le système immunitaire. Ce jus est un outil précieux pour entrer dans l'hiver.

 Astuce résidus : parsemer de graines de tournesol en fine couche puis passer au four à 180° pour en faire des crackers apéro !

Décembre

Remerciements

Mes amies, Stéphanie et Gaëlle pour les magnifiques photos qu'elles m'ont offertes.

Mon directeur technique de mari pour son aide constante et son soutien indéfectible dans tous mes projets.

Mes nombreux goûteurs, dont mes enfants, ma famille, mes amis mais également mes accompagnés et les clients des magasins m'employant en tant que naturopathe.

Thierry, le primeur d'Aytré (17) qui m'a fait confiance et m'a donné l'opportunité de commencer les dégustations menant à cet ouvrage.

Post Scriptum

Si, comme moi, vous vous êtes heurtés à vos saboteurs intérieurs, aux jugements limitants et aux envies d'abandonner, je vous livre, sincèrement, ce morceau de moi littéraire sous forme d'encouragements et de soutien à rayonner au monde ce que vous êtes profondément...

Cré'arb'tion

A tous ceux qui ont choisis de ne pas avoir d'horaires fixes...

A tous ceux qui ont fait de leur salon un bureau provisoire...

A tous ceux qui expliquent, sans relâche, suite aux questions : « Mais c'est quoi exactement ton métier ?

A tous ceux qui résistent avec courage aux objections : ... Et tu gagnes de l'argent avec ça ? Ou bien « Mais c'est pas un vrai métier ? Ou encore « Tu ne perceras jamais, ça ne marchera pas... »

A tous ceux qui ont créé leur entreprise, leur métier et parfois même leur domaine.

Je vous encourage sincèrement à garder le cap et vous invite à faire comme l'arbre en hiver :
Se recentrer, garder son énergie en soi et lâcher, comme des feuilles mortes, les croyances désuètes, les idées polluantes et les pensées négatives.

A l'arrivée du printemps, l'heure de déployer vos capacités et vos talents, sonnera à l'unisson de votre réussite !

Soyez arbre !

Solidement enraciné, bien centré dans sa verticalité, joyeusement relié à ses congénères ainsi qu'aux éléments et toujours debout, rayonnant, généreux, malgré les violentes bourrasques.

Cécile MULLER

©2022, Cécile MULLER

Edition : BoD - Books on Demand, info@bod.fr
Impression : BoD - Books on Demand, In de Tarpen 42,
Norderstedt (Allemagne)
Impression à la demande
Dépôt légal : Déc 2022
ISBN : 978-2-3224-5348-1